Davi e Manassés Superando o Fracasso

Estudo Bíblico da série *Descobrindo a Palavra*

Com o passar do tempo, aprendi que Deus tem vários meios para nos transformar nas pessoas que Ele deseja que sejamos. Mas parece que a resistência é o Seu modo favorito. Quanto maior a resistência, maior o crescimento. Aquilo que enxergamos como obstáculos para as conquistas, Deus os vê como oportunidades para crescimento. Frustração, perda, crítica, fracasso, humilhação, tentação, depressão, solidão e fracasso moral tornam-se os meios pelos quais nos fortalecemos se formos "treinados" por essas forças, já diria o autor do livro de Hebreus (12:11).

Este estudo bíblico é essencialmente a respeito da superação do fracasso. Examinaremos dois homens do Antigo Testamento que fracassaram miseravelmente, Davi e Manassés, e veremos como Deus usou o fracasso deles, para torná-los fortes. Descobriremos que Deus nada desperdiça em nossas vidas — nem mesmo o pecado.

David Roper para Ministérios RBC

Coordenador: Bill Crowder
Editora: Anne Cetas
Gráficos: Alex Soh, Inckc, Audrey Novac Ribeiro
Foto da Capa: Alex Soh © 2006 Ministérios RBC
Guia de estudo: Bill Crowder, Sim Kay Tee
Tradução; Cordélia Willik, Thais Soler
Edição: Rita Rosário

Este guia de estudos bíblicos baseia-se no livro da série *Descobrindo a Palavra* de Ministérios RBC, *A Man to Match the Mountain* (Um homem para se igualar à montanha) de David Roper. Com aproximadamente 80 títulos traduzidos para a língua portuguesa, esta série de estudos aborda uma variedade de assuntos contemporâneos que retratam a caminhada cristã à luz de uma perspectiva bíblica. Estes livretos de 32 páginas são um manancial de recursos para obter discernimento em seu estudo da Palavra de Deus. Descubra mais sobre estes livretos acessando o site www.publicacoesrbc.com.br

ministérios rbc

Código: Q8543

ISBN: 978-1-60485-362-9

Impresso no Brasil / Printed in Brazil

Sumário

Superando um mau começo
(Primeira Parte)

Era um dia de Ano Novo, em 1929. Duas equipes universitárias estavam jogando, quando um dos defensores recuperou a bola após a falha de um jogador da equipe adversária, correu pela lateral do campo, virou-se, e lançou-se rapidamente por 100 metros na direção errada — direto para a linha de gol do seu próprio time. Um de seus companheiros o derrubou momentos antes dele marcar um gol contra. Na jogada seguinte, a equipe que quase recebeu o gol de presente bloqueou o chute e marcou gol.

Daquele dia em diante, Riegels foi apelidado de "Riegels Contramão". Durante anos, cada vez que ele era apresentado, as pessoas exclamavam: "Ah, sim. Sei quem você é! Você é o camarada que correu na direção errada no estádio."

Pode ser que nossas falhas não chamem tanta atenção como a daquele jogador, mas temos nossos próprios desvios e nossas próprias corridas na contramão. Temos também as memórias que as acompanham — lembranças que voltam para nos insultar e assombrar às três horas da manhã. Há tanto em nosso passado que gostaríamos de poder desfazer ou refazer — tanto que gostaríamos de esquecer. Se ao menos pudéssemos recomeçar.

Louisa Fletcher Tarkington escreveu para todos nós, em seu devaneio:

Gostaria que houvesse
algum lugar maravilhoso
chamado Terra de um novo início,

onde nossos erros,
e todos os nossos sofrimentos,
e todas as nossas pobres e
mesquinhas aflições
pudessem ser deixadas como um
velho e gasto casaco, à porta,
para nunca vesti-lo outra vez. (Tradução livre)

Este lugar existe e pode ser encontrado na graça de Deus — uma graça que não somente perdoa nosso passado completamente e o lança fora, mas usa-o para nos fazer melhores do que jamais fomos. "Até do pecado", disse Agostinho, "Deus pode extrair o bem."

A piedosa herança de Manassés

Manassés era o filho de Ezequias, um dos poucos reis de Judá que fez "...o que era reto perante o SENHOR" (2 Reis 18:3). O historiador de Israel nos conta:

> *[Ezequias] removeu os altos, quebrou as colunas e deitou abaixo o poste-ídolo; e fez em pedaços a serpente de bronze que Moisés fizera, porque até àquele dia os filhos de Israel lhe queimavam incenso, e lhe chamaram Neustã. Confiou no SENHOR, Deus de Israel, de maneira que depois dele não houve seu semelhante entre todos os reis de Judá, nem entre os que foram antes dele. Porque se apegou ao SENHOR, não deixou de segui-lo e guardou os mandamentos que o SENHOR ordenara a Moisés (2 Reis 18:4-6).*

Ezequias foi responsável por um avivamento espiritual histórico que rejuvenesceu Judá. Ele se livrou dos ídolos que seu pai, Acaz, havia adorado, e libertou seu povo da apostasia. Em seu trabalho de reforma, foi grandemente auxiliado pelos ministérios proféticos de Isaías e Miqueias.

Manassés, o filho de Ezequias, subiu ao trono quando tinha 12 anos de idade, e reinou por dez anos como corregente de seu pai. Quando tinha 22 anos, seu pai morreu e o jovem rei assumiu o governo. Ele reinou por 55 anos — de 697 a 643 a.C. — o mais longo reinado na história, tanto de Judá, como de Israel.

Manassés foi abençoado com um pai piedoso. Viveu em um tempo de vitalidade e prosperidade espiritual. Foi instruído por Isaías e Miqueias, e viu o

Senhor, miraculosamente, livrar Jerusalém do cerco dos assírios (2 Reis 19:35). No entanto, não seguiu os passos de seu pai.

O fracasso da liderança de Manassés

As Escrituras relatam que Manassés fez "...o que era mau perante o SENHOR, segundo as abominações dos gentios que o SENHOR expulsara de suas possessões de diante dos filhos de Israel" (2 Reis 21:2).

As *nações* descritas pelo autor eram os depravados e desagradáveis cananitas. Manassés superou todos eles em seu frenesi insano de quebrar todas as regras — uma loucura descrita nos versos que se seguem:

> *Pois tornou a edificar os altos que Ezequias, seu pai, havia destruído, e levantou altares a Baal, e fez um poste-ídolo como o que fizera Acabe, rei de Israel, e se prostrou diante de todo o exército dos céus, e o serviu. Edificou altares na Casa do SENHOR, da qual o SENHOR tinha dito: Em Jerusalém porei o meu nome. Também edificou altares a todo o exército dos céus nos dois átrios da casa do SENHOR. E queimou a seu filho como sacrifício, adivinhava pelas nuvens, era agoureiro e tratava com médiuns e feiticeiros; prosseguiu em fazer o que era mau perante o SENHOR, para o provocar à ira. Também pôs a imagem de escultura do poste-ídolo que tinha feito, na Casa de que o SENHOR [...]. Manassés de tal modo os fez [Israel] errar, que fizeram pior do que as nações, que o SENHOR tinha destruído de diante dos filhos de Israel (2 Reis 21:3-7,9).*

Manassés fez "o que era mau perante o SENHOR..."
—2 Reis 21:2

Os pecados de Manassés são mencionados aqui em uma ordem crescente de desvios comportamentais. Primeiro ele edificou "os altos que Ezequias, seu pai, havia destruído". Acaz, o avô de Manassés, havia edificado "os altos" — bosques no topo dos montes onde Asera era adorada. Ezequias os havia derrubado (2 Reis 18:4). Manassés os reedificou.

Manassés "levantou um altar a Baal", a principal divindade cananeia, e fez um poste-ídolo Asera tal qual a dupla diabólica de Israel, Acabe e Jezabel, fizera

(1 Reis 16:32-33). Os postes-ídolos Asera eram imagens de uma divindade feminina, a consorte de Baal, que representava a divindade cananeia do sexo e da fertilidade. Os pilares erigidos em sua honra eram evidentemente uma espécie de símbolos fálicos.

Manassés adorou as hostes dos céus e as serviu. Ele praticou a astrologia, oferecendo devoção ao sol, à lua, aos planetas e às estrelas (ver também Jeremias 8:2; 19:13). Construiu altares às deidades siderais no templo de Jerusalém, onde Deus havia dito: "...porei o meu nome."

Fez seus filhos passarem pelo fogo — sacrifício de crianças. De acordo com o autor do livro de Crônicas, "...queimou a seus filhos como oferta no vale do filho de Hinom." Também "...adivinhava pelas nuvens, era agoureiro, praticava feitiçaria, tratava com necromantes e feiticeiros..." (2 Crônicas 33:6). O texto hebraico sugere que ele fez mais do que consultá-los, ele os *nomeou*. Em outras palavras, ele lhes concedeu audiências em sua corte e os admitiu em seu gabinete governamental.

Como se isso não fosse suficiente, este pervertido monarca, então, "...pôs a imagem de escultura do ídolo que tinha feito na Casa de Deus..." (2 Crônicas 33:7). Ele pegou o poste-ídolo mencionado anteriormente, dedicado a tudo que era feio e obsceno, e o colocou no Santo dos Santos, no templo do Senhor.

Manassés foi o único responsável por derrubar uma nação inteira.

Em nenhuma parte é feita uma alusão ao culto de Jeová. Manassés selecionou seu panteão das culturas que cercavam Israel — dos amorreus, cananeus, filisteus, fenícios — mas não há referência ao Deus que se revelara a Israel.

O historiador concluiu: "Manassés de tal modo fez [Israel] errar, que fizeram pior do que as nações que o Senhor tinha destruído de diante dos filhos de Israel" (2 Reis 21:9).

Compreenda o que está sendo dito aqui: Manassés foi o único responsável por derrubar uma nação inteira. Que legado a se deixar!

E isso não é tudo. Há uma nota de rodapé que é terrível em suas implicações:

> *Além disso, Manassés derramou muitíssimo sangue inocente, até encher Jerusalém de um ao outro extremo, afora o seu pecado, com que fez pecar a Judá, praticando o que era mau perante o SENHOR (2 Reis 21:16).*

Manassés silenciou os profetas com uma fúria aterrorizante. Josefo, um historiador judeu, registra que Manassés "matou todos os homens justos que havia entre os hebreus, e tampouco poupou os profetas, pois cada dia matava alguns deles, até que Jerusalém estava transbordando de sangue".

Existe uma tradição judaica relatada no *Talmude* que conta como Manassés colocou seu velho professor, Isaías, em um tronco e o serrou em dois. Este é possivelmente o pano de fundo da afirmação no livro de Hebreus de que heróis de Deus foram "...serrados pelo meio..." (Hebreus 11:37).

O restante da história

> *Quanto aos mais atos de Manassés, e a tudo quanto fez, e ao seu pecado, que cometeu, porventura, não estão escritos no livro da História dos Reis de Judá? Manassés descansou com seus pais e foi sepultado no jardim da sua própria casa, no jardim de Uzá; e Amon, seu filho, reinou em seu lugar (2 Reis 21:17-18).*

Eis aqui algo curioso: Manassés fez o que era mal perante o Senhor por 55 anos, entregou-se a todas as paixões carnais, corrompeu e arruinou uma nação inteira, e Deus não tomou providência alguma.

Ou tomou?

Normalmente, vemos somente um aspecto de Deus — Sua generosa paciência: "[Ele] se detém, para se compadecer de vós" (Isaías 30:18). Existe, porém, outro lado: Sua *estranha obra* de julgamento.

A história relatada nos livros de Reis não está completa. O propósito de 1 e 2 Reis é traçar o declínio de Israel e Judá ao exílio babilônico e mostrar os motivos para tal acontecimento. As histórias são necessariamente resumidas. O escritor se detém apenas aos fatos que contribuem para o seu tema. O relato do reinado de Manassés é retomado e suplementado em 2 Crônicas 33. O propósito do escritor das Crônicas era diferente. Seu tema era a restauração do trono Davídico. Para este fim ele selecionou eventos que contribuíam para esse motivo e incluiu alguns fatos omitidos no livro de Reis.

Os primeiros nove versos de 2 Crônicas 33 são basicamente uma cópia de 2 Reis 21:1-9, com algumas pequenas mudanças, em seguida uma nova história emerge:

> *Falou o SENHOR a Manassés e ao seu povo, porém não lhe deram ouvidos (2 Crônicas 33:10).*

Deus tem muitas maneiras de nos livrar do pecado.

O julgamento de Deus não sobrevém precipitadamente. Jamais ocorre dessa maneira. O teólogo John Piper disse, "A ira [de Deus] precisa ser liberada por um forte cadeado de segurança, mas Sua misericórdia responde ao menor estímulo." Deus nos ama demais para desistir de nós. Ele nos persegue — até mesmo ao lugar de nosso pecado e culpa — e insiste para voltarmos.

Um velho provérbio turco diz que Deus tem "pés de lã e mãos de aço". Podemos não ouvi-lo se aproximar, porém, quando Ele põe Suas mãos em nós, é impossível nos desvencilharmos delas. O outro lado da promessa "...não te deixarei, nem te desampararei" (Josué 1:5) é a garantia de que Ele nunca nos abandonará. Ele vai nos perseguir, aborrecer, incomodar, importunar e provocar até cedermos.

Deus tem muitas maneiras de nos livrar do pecado: às vezes por um toque em nossas almas; às vezes pela palavra dita por um amigo; às vezes, pelo relato de um acontecimento; ou por um livro, um sermão, um encontro ao acaso. E assim, Deus nos pede que voltemos a Ele.

Lembro-me de um estudante que encontrei na Universidade de Stanford, EUA, há alguns anos. Ele estava sentado num banco em frente a uma Igreja Memorial, lendo um jornal. Sentei-me ao seu lado, e começamos a conversar.

A conversa foi bem até que se voltou para o assunto de seu relacionamento com Deus.

Ele se colocou em pé, com uma praga, e se afastou arrogantemente. Então, parou, e se virou. "Perdoe-me", disse ele. "Fui criado em um lar cristão. Meus pais são missionários presbiterianos em Taiwan, mas fugi de Deus a minha vida inteira. No entanto, aonde quer que eu vá alguém quer falar comigo sobre Deus."

Mais do que qualquer outra coisa, Deus quer que nos entreguemos ao Seu amor. "O amor nos cerca", disse George MacDonald, "procurando qualquer brechinha por onde possa penetrar". Deus espera incansavelmente e o Seu amor é inabalável. Entretanto, se não o quisermos, Ele nos deixará seguir por nossos próprios caminhos e permitirá que colhamos as consequências de nossa resistência. Mesmo isso, porém, é para o nosso bem. É o julgamento libertador de Deus. Ele sabe que quando os ventos frios sopram, eles podem nos fazer mudar de ideia.

> *Pelo que o Senhor trouxe sobre eles os príncipes do exército do rei da Assíria, os quais prenderam Manassés com ganchos, amarraram-no com cadeias e o levaram à Babilônia. Ele, angustiado, suplicou deveras ao Senhor, seu Deus, e muito se humilhou perante o Deus de seus pais; fez-lhe oração, e Deus se tornou favorável para com ele, atendendo-lhe a súplica e o fez voltar para Jerusalém, ao seu reino; então, reconheceu Manassés que o Senhor era Deus (2 Crônicas 33:11-12).*

O rei assírio aqui mencionado era provavelmente Esaradon, o filho de Senaqueribe. Esaradon colocou um anel no nariz de Manassés, algemas em suas mãos e pés, e o levou marchando para a Babilônia, onde Manassés definhou em uma masmorra por 12 anos. Uma argola no nariz era a maneira assíria de humilhar os reis conquistados, um costume ilustrado claramente nos artefatos assírios. Que completa humilhação! Que terrível ruína! Tudo, porém, para trazer Manassés de volta a Deus.

ESTUDO N.º 1

Superando um mau começo
(Primeira Parte)

Isaías 30:18 — "Por isso, o SENHOR espera, para ter misericórdia de vós, e se detém, para se compadecer de vós, porque o SENHOR é Deus de justiça; bem-aventurados todos os que nele esperam."

Objetivo:
Compreender o perigo de ser ou estar sob influência corrompida.

Para Memorizar:
Isaías 30:18

Leitura:
Superando um mau começo (1.ª parte) pp.5-11

Quebra-gelo

Identifique algo que você disse ou fez e mais tarde voltou para assombrá-lo. Você se sentiu constrangido, triste ou bravo a respeito? Como você vê isso hoje?

Reflexão

O que Agostinho quis dizer quando falou: "Até do pecado, Deus pode tirar o bem"? (p.6). Você concorda ou discorda? Por quê? Como esta questão é trabalhada em sua vida?

Na p.10, lemos a frase de John Piper: "A ira [de Deus] precisa ser liberada por um forte cadeado de segurança, mas Sua misericórdia responde ao menor estímulo." Qual é a imagem de Deus que Piper desenhou? Em que sentido essa descrição está correta?

O que significa o "julgamento libertador de Deus"? (p.11). Como isso pode ser considerado algo bom? Você já experimentou o Seu "julgamento libertador"? Como?

Aprofundamento

Texto-chave: 2 Reis 21:3-7

Que tipo de homem era Manassés? Como isso se refletia em suas ações? Como suas ações influenciaram a nação? Qual foi o resultado?

Considere as afirmações de Deus nos versos 4 e 7. O que Deus quis dizer quando declarou: "...Nesta casa e em Jerusalém, que escolhi de todas as tribos de Israel, porei o meu nome para sempre"? (v.7).

Por que o escritor de 2 Reis inseriu esta promessa divina no relato que destaca os erros de Manassés, um dos descendentes de Davi? (ver sobre a Aliança Davídica em 2 Samuel 7:12-16 e 1 Reis 5:5).

Um passo adiante

Falar sobre

No versículo para memorização desta lição, Isaías 30:18, o que significa: "...o SENHOR espera..." Pelo que o Senhor espera? Por que aqueles que esperam no Senhor são abençoados? O que podemos aprender a respeito de Deus neste versículo?

Refletir

Considerando a criação de Manassés e o que ele se tornou, você concorda ou discorda que uma herança divina não é garantia para alguém se tornar bom? Por quê?

Se não há tal garantia, existe algum valor na herança divina? Por que ou por que não?

Pois tornou a edificar os altos que Ezequias, seu pai, havia destruído, e levantou altares a Baal, e fez um poste-ídolo como o que fizera Acabe, rei de Israel, e se prostrou diante de todo o exército dos céus, e o serviu. Edificou altares na Casa do SENHOR, da qual o SENHOR tinha dito: Em Jerusalém porei o meu nome. Também edificou altares a todo o exército dos céus nos dois átrios da Casa do SENHOR. E queimou a seu filho como sacrifício, adivinhava pelas nuvens, era agoureiro e tratava com médiuns e feiticeiros; prosseguiu em fazer o que era mau perante o SENHOR, para o provocar à ira. Também pôs a imagem de escultura do poste-ídolo que tinha feito na casa de que o SENHOR dissera a Davi e a Salomão, seu filho: Nesta casa e em Jerusalém, que escolhi de todas as tribos de Israel, porei o meu nome para sempre.
(2 Reis 21:3-7)

Superando um mau começo (Segunda parte)

O caminho de volta

A restauração começa com a vergonha. MacDonald escreveu: "Estar envergonhado é algo santo e abençoado. Vergonha é vergonha somente para aqueles que desejam *parecer*, não para aqueles que desejam ser. Vergonha é vergonha somente para aqueles que desejam passar no exame, não para aqueles que querem aprender o princípio das coisas [...] Estar humildemente envergonhado é ser mergulhado no banho purificador da verdade." Humildade e contrição são as chaves do coração de Deus. Foram essas as chaves que Manassés usou.

> *Ele, angustiado, suplicou deveras ao SENHOR, seu Deus, e muito se humilhou perante o Deus de seus pais (2 Crônicas 33:12).*

Josefo disse que Manassés "considerou a si mesmo a causa de tudo". Ele aceitou a plena responsabilidade por tudo que havia feito — nenhuma negação, nenhuma desculpa, nenhuma justificação, nenhuma transferência de culpa, nenhuma apelação especial. Manassés, então "muito se humilhou".

Nossa tendência em desculpar-nos vem de pensar que Deus nunca nos receberá de volta, a menos que possamos minimizar ou explicar nossos erros. Porém, como C. S. Lewis observou: "Verdadeiro perdão significa olhar firmemente para o pecado, esse pecado que restou sem desculpa alguma, após todas as concessões serem feitas, e vê-lo em todo o seu horror, sujeira, maldade e malícia, e, contudo, ser completamente reconciliado com aquele que o cometeu. Isso, e somente isso, é perdão; e sempre podemos obter de [Deus]."

Manassés não foi desamparado. Apesar de sua monstruosa iniquidade, o Senhor ainda era o Deus de Manassés. Embora a ira varresse a face do Senhor, Ele nunca desviou Seus olhos de Manassés.

Infinito amor

Na obra de Harriet Beecher Stowe's *A Cabana do Pai Tomás*, Tomás lamenta, "Eu sou mau, eu sou — muito mau. De todo jeito, não consigo mudar isso!" O pecado é a nossa natureza. É o modo como atravessamos a vida — e não conseguimos mudar isso. No entanto, nossos repetidos fracassos não mudam a disposição básica de Deus a nosso respeito. Se a nossa natureza é pecar, Sua natureza é salvar. Sem essa compreensão, não poderíamos sobreviver ao nosso pecado. Ele iria apenas nos aterrorizar e nos levar para longe de Deus.

Teríamos base para esse terror, se Deus nos escolhesse, em princípio, por sermos tão maravilhosos, mas desde que nossa aceitação original não dependeu de nada que houvesse em nós, não pode ser desfeita por nada que agora existe em nós. Nada em nós mereceu Seu favor antes de nossa conversão; nada em nós merece a sua continuidade.

Deus nos salvou porque determinou fazê-lo. Ele nos criou para Si mesmo, e sem essa comunhão Seu coração sofre em solidão. Esse foi o motivo de Cristo sofrer por nós — "...o justo pelos injustos, para conduzir-vos a Deus..." (1 Pedro 3:18). Ele nunca desistirá. Ama-nos demais para desistir. "aquele que começou boa obra em vós há de completá-la..." (Filipenses 1:6).

Devemos aceitar o perdão pleno e gratuito de Deus, e depois perdoar a nós mesmos. Que somos pecadores — é uma verdade inegável. Que somos pecadores perdoados — é inegável também. Não devemos insistir em nossa pecaminosidade. O coração de Deus está aberto para nós. Devemos receber o perdão de que precisamos e seguir com a vida.

Terminando bem

Ainda há mais. Deus não perdoa somente nosso pecado, mas usa-o para nos tornar melhores do que jamais fomos. Pense em Manassés. Depois de 12 anos, foi liberto da prisão e restaurado ao seu trono. Então, pôs-se a fortalecer suas defesas:

> *[Manassés] fez-lhe oração, e Deus se tornou favorável para com ele, atendeu-lhe a súplica e o fez voltar para Jerusalém, ao seu reino; então, reconheceu Manassés que o* Senhor *era Deus. Depois disto, edificou o muro de fora da Cidade de Davi, ao ocidente de Giom, no vale, e à entrada da Porta do Peixe, abrangendo Ofel, e o levantou mui alto; também pôs*

chefes militares em todas as cidades fortificadas de Judá. Tirou da Casa do SENHOR os deuses estranhos e o ídolo, como também todos os altares que edificara no monte da Casa do SENHOR e em Jerusalém, e os lançou fora da cidade. Restaurou o altar do SENHOR, sacrificou sobre ele ofertas pacíficas e de ações de graças e ordenou a Judá que servisse ao SENHOR, Deus de Israel (2 Crônicas 33:13-16).

Manassés destruiu seus deuses pagãos e removeu o terrível ídolo que havia colocado na casa do Senhor. Abominou seus ídolos com tanto fervor quanto os tinha amado antes.

Reconstruiu o altar do Senhor, que havia derrubado. Sacrificou nele ofertas pacíficas e ofertas de ações de graça, para louvar a Deus por sua libertação. Usou seu poder, agora, para restaurar seu povo, ao invés de corrompê-lo.

Foi isto que João Batista descreveu como "...frutos dignos de arrependimento" (Mateus 3:8). O verdadeiro arrependimento implica em uma mudança fundamental em nossa visão e atitude. Não é mera tristeza pelo pecado. É uma inversão radical de nossa maneira de pensar. Sua manifestação será percebida por nosso resoluto esforço em nos fortalecer nas áreas em que, anteriormente, fomos fracos, e caímos. Haverá em nós uma feroz determinação de nos proteger do pecado.

O verdadeiro arrependimento significará mantermo-nos afastados da companhia do homem ou da mulher cuja influência nos corrompe. Significará ficar fora de situações em que somos propensos a tropeçar e cair. Significará permanecermos afastados de influências poluidoras em filmes, livros, revistas, e espaço virtual. Significará encontrar uma pessoa para chamar-nos à responsabilidade quando viajamos, alguém para manter-nos honestos quando estamos longe de casa. Seja o que for, nossa desobediência terá feito de nós pessoas mais fortes e melhores do que já fomos. Até do nosso pecado, Deus pode extrair o bem.

Deus deu a Manassés mais 20 anos de reinado. Ele ganhou um começo novo e melhor, e o aproveitou de forma maravilhosa. Tornou-se um dos maiores reis de Judá, e por 22 anos foi um glorioso exemplo da inimaginável graça de Deus para Israel. Deus fará o mesmo por você.

Qual o valor de um nome?

O nome Manassés é tirado de um verbo hebraico e significa esquecer. É a palavra que Deus escreve por cima do passado de Manassés e do nosso — esquecido. "...perdoarei as suas iniquidades e dos seus pecados jamais me lembrarei" (Jeremias 31:34). Oswald Chambers diz: "Deus esquece nossos pecados."

Quando consideramos o pecado de proporções imperdoáveis, Jeffrey Dahmer nos vem à mente. Dahmer confessou ter assassinado 17 jovens, desmembrando alguns, tendo relações sexuais com seus cadáveres e comendo parte de seus corpos.

A exposição da mídia sobre os seus crimes transformou Dahmer em um símbolo nacional do mal. Após sua morte sangrenta no Centro de Correção de Columbia, no estado de Wisconsin, EUA, todos tinham a convicção de que ele iria direto para o inferno. Um colunista pronunciou um fervoroso apelo aos poderes das trevas: "Leve Jeffrey Dahmer, por favor."

Porém, Dahmer começara a frequentar estudos bíblicos na prisão, em sequência, fez uma pública profissão de fé em Jesus Cristo, e foi batizado. Ele encontrou perdão e paz. Sentia-se calmo a respeito de sua sorte, mesmo após a tentativa de um interno em cortar sua garganta durante um culto na capela. Se ele foi sincero, e parece que sim, nós o veremos no céu um dia.

Estranho, não é? Mas assim é a graça de Deus.

P.S.

Durante o intervalo daquele jogo em 1929, Riegels se escondeu em um canto do vestiário, com sua toalha sobre a cabeça. Seu treinador, Nibbs Price, não falou com ele, e muito pouco com a equipe.

Três minutos antes da segunda metade do jogo começar, ele disse tranquilamente, "A equipe que entrou jogando na primeira metade do jogo, vai entrar jogando na segunda metade." Riegels exclamou: "Eu não posso, treinador; não posso voltar ao jogo, humilhei a equipe, a escola e a mim mesmo. Não posso voltar ao jogo." "Volte ao jogo, Riegels", Price replicou. "Está só na metade."

Que treinador! Que Deus!

ESTUDO N.º 2

Superando um mau começo
(Segunda parte)

Isaías 43:25 — "Eu, eu mesmo, sou o que apago as tuas transgressões por amor de mim e dos teus pecados não me lembro."

Objetivo:
Compreender a graça e o perdão de Deus, os quais podem cobrir qualquer pecado.

Para Memorizar:
Isaías 43:25

Leitura:
Superando um mau começo (2.ª parte) pp.14-17

Quebra-gelo

A vergonha é algo bom ou ruim? Por quê? Compartilhe uma situação em que a vergonha foi aproveitada para se obter um resultado positivo.

Reflexão

Se você estivesse em uma posição de poder para lidar de maneira decisiva com pessoas más, o que faria com homens perversos como Manassés ou Jeffrey Dahmer? (ver p.17).

A vergonha ou o ato de se sentir envergonhado leva alguém ao arrependimento? Por que ou por que não? Quando a vergonha é algo verdadeiramente santo e abençoado? (p.14)

Lemos na página 15: "No entanto, nossos repetidos fracassos não mudam a disposição básica de Deus a nosso respeito." Qual é a disposição básica de Deus em relação a nós? Por que isso deve nos trazer conforto?

Aprofundamento

Texto-chave: 2 Crônicas 33:12-16

Como Manassés agiu após experimentar a misericórdia de Deus? (v.13). O que significou para Manassés muito se humilhar? (v.12)

Deus sempre toma estas medidas extremas para trazer o Seu povo de volta ao caminho certo? Por que ou por que não? Essas medidas são sempre bem-sucedidas? Por que ou por que não?

Quais as ações de Manassés que demonstram seu verdadeiro arrependimento? Por que ele é um exemplo de verdadeiro arrependimento?

Um passo adiante

Falar sobre

Leia o versículo para memorizar. O perdão de Deus significa o Seu esquecimento? Por que ou por que não?

O que este verso ensina sobre quem Deus é e sobre o perdão que Ele oferece? Por que Ele diz que faz isso?

Refletir

Manassés é um exemplo do estranho trabalho do juízo de Deus que o levou ao seu arrependimento. Dê dois exemplos bíblicos nos quais a estranha obra do juízo de Deus não trouxe pessoas de volta a Ele. Por que você acha que elas não se arrependeram?

Há alguma coisa que Deus não perdoará se você verdadeiramente se arrepender? Por quê? Reflita e compartilhe sobre um momento em que você experimentou a estranha obra do juízo de Deus. O que Deus fez para trazê-lo a si novamente?

Ele [Manassés], angustiado, suplicou deveras ao Senhor, seu Deus, e muito se humilhou perante o Deus de seus pais; fez-lhe oração, e Deus se tornou favorável para com ele, atendeu-lhe a súplica e o fez voltar para Jerusalém, ao seu reino; então, reconheceu Manassés que o Senhor era Deus. Depois disto, edificou o muro de fora da Cidade de Davi, ao ocidente de Giom, no vale, e à entrada da Porta do Peixe, abrangendo Ofel, e o levantou mui alto; também pôs chefes militares em todas as cidades fortificadas de Judá. Tirou da Casa do Senhor os deuses estranhos e o ídolo, como também todos os altares que edificara no monte da Casa do Senhor e em Jerusalém, e os lançou fora da cidade. Restaurou o altar do Senhor, sacrificou sobre ele ofertas pacíficas e de ações de graças e ordenou a Judá que servisse ao Senhor, Deus de Israel.

2 Crônicas 33:12-16

Superando mentiras de autoproteção

Quando o assunto é falhar e vencer, o incidente na vida de Davi nos vem à mente. Aconteceu durante um período em que ele e Saul estavam jogando um mortífero jogo de esconde-esconde. Saul, perseguindo Davi e seu bando de homens no deserto da Judeia, estava decidido a acabar com ele.

Saul estava familiarizado com todos os lugares por onde Davi costumava andar e se esconder. Davi podia fugir, mas sabia que não podia se esconder. Estava cansado, desgastado e seus problemas pareciam não ter fim.

Os cânticos desse período da vida de Davi são considerados cânticos tristes. Prevalece um sombrio sentimento de depressão e desespero.

> *Por que, Senhor, te conservas longe? E te escondes nas horas de tribulação? (Salmo 10:1).*

> *Até quando, Senhor? Esquecer-te-ás de mim para sempre? Até quando ocultarás de mim o rosto? (Salmo 13:1).*

> *Deus meu, Deus meu, por que me desamparaste? Por que se acham longe de minha salvação as palavras de meu bramido? (Salmo 22:1).*

A perigosa decisão de Davi

Davi chegara ao seu limite. Ele simplesmente não podia suportar mais. Então, pensou consigo mesmo:

...Pode ser que algum dia venha eu a perecer nas mãos de Saul; nada há, pois, melhor para mim do que fugir para a terra dos filisteus; para que Saul perca de todo as esperanças e deixe de perseguir-me por todos os termos de Israel; assim, me livrarei da sua mão (1 Samuel 27:1).

No passado, Davi falava com Gade ou com um de seus conselheiros. Melhor ainda, "consultou Davi ao SENHOR" (1 Samuel 23:2,4). Nessa ocasião, porém, Davi não consultou o Senhor ou qualquer outra pessoa. Olhou para as circunstâncias, aconselhou-se com seus temores, e fugiu para a Filístia. Nas circunstâncias em que se encontrava, acreditou que era a melhor coisa a fazer.

A frase traduzida por "nada há, pois, melhor para mim do que fugir" está expressa de um modo que sugere grande pressa: "Devo escapar imediatamente. Vou fazê-lo agora!"

Decisões tomadas quando estamos deprimidos ou emocionalmente perturbados são extremamente perigosas

Decisões tomadas quando estamos deprimidos ou emocionalmente perturbados são extremamente perigosas. Somos mais vulneráveis a fazer escolhas erradas, quando estamos nesse estado mental — escolhas que jamais faríamos se estivéssemos bem. Quando estamos desanimados, acabamos inevitavelmente tomando más decisões.

Fico a imaginar quantas pessoas solteiras, em um momento de fraqueza, decidiram que não conseguem lidar com o pensamento de constante solidão, e então se contentam com um parceiro que torna suas vidas ainda mais miseráveis? Eu me pergunto quantos homens deixaram bons trabalhos durante um ataque de momentânea frustração, e agora se encontram desesperadamente desempregados ou trabalhando em situações muito menos desejáveis? Fico imaginando quantos desistiram de seus casamentos quando estavam em uma maré baixa, e agora lamentam diariamente essa decisão? Eu me pergunto quantos homens deixaram ministérios frutíferos por estarem cansados e desanimados?

Inácio de Loiola, um cristão basco do século 16, escreveu um livro chamado *The Spiritual Exercises* (Os exercícios espirituais). Ele chamou atenção para a existência de duas condições na vida cristã. Uma é a consolação, "quando a alma é estimulada a um amor por seu Criador e Senhor; quando fé, esperança, caridade, e gozo interior inspiram a alma à paz e quietude em nosso Senhor." A outra é a desolação, "quando existe escuridão de alma, agitação de mente, uma forte inclinação para coisas terrenas, desassossego resultante de perturbações, e tentações que levam à perda de fé. Encontramo-nos apáticos, mornos, tristes e como se estivéssemos separados do nosso Senhor."

"Na hora da desolação", escreveu, "nunca deveríamos mudar, mas permanecer firmes e constantes na resolução e decisão que nos guiou no dia anterior à desolação ou na decisão a que aderimos na consolação anterior, porque assim como o bom espírito nos guia e conforta na consolação, assim o mau espírito nos guia e aconselha na desolação. Seguindo os conselhos deste último espírito, nunca se conseguirá encontrar o caminho correto para uma decisão acertada."

Ele continuou: "Embora na desolação não devamos modificar nossas resoluções anteriores, será vantajoso intensificar nossa atividade contra a desolação. Isso pode ser feito insistindo mais na oração, meditação, exame, e confissão."

Então devemos esperar e orar. Davi, com o tempo, aprendeu a esperar em Deus (Salmos 5:3; 27:14; 33:20; 37:7,34; 38:15). Nesta ocasião, ele deveria ter esperado, mas já havia decidido. Dadas as suas circunstâncias, a Filístia lhe pareceu melhor do que a sombra das asas invisíveis de Deus.

> *Dispôs-se Davi e, com os seiscentos homens que com ele estavam, passou a Aquis, filho de Maoque, rei de Gate. Habitou Davi com Aquis em Gate, ele e os seus homens, cada um com a sua família; Davi, com ambas as suas mulheres, Ainoã, a jezreelita, e Abigail, a viúva de Nabal, o carmelita. Avisado Saul de que Davi tinha fugido para Gate, desistiu de o perseguir (1 Samuel 27:2-4).*

A inquietação de Davi

Davi estava seguro em Gate, embora estivesse cada vez mais desassossegado. Seus movimentos eram restritos. Tinha que deixar de lado sua autonomia e independência. Ele sentiu a necessidade de afastar-se da cidade real, então pediu a Aquis outro lugar para morar. Foi um pedido modesto:

Disse Davi a Aquis: Se achei mercê na tua presença, dá-me lugar numa das cidades da terra, para que ali habite; por que há de habitar o teu servo contigo na cidade real? Então lhe deu Aquis, naquele dia, a cidade de Ziclague. Pelo que Ziclague pertence aos reis de Judá, até ao dia de hoje. E todo o tempo que Davi permaneceu na terra dos filisteus foi um ano e quatro meses (1 Samuel 27:5-7).

Enfim, Davi e seu bando podiam se estabelecer. Por meses viveram assustados e prontos para fugir. Agora tinham um lugarzinho de paz. Suas crianças podiam brincar em segurança. Seus velhos podiam sentar-se ao sol e conversar. Os homens podiam cultivar os campos e obter seu sustento sem precisar invadir e saquear.

Davi e seu povo viveram por um tempo sem ser molestados, em Ziclague, e aparentemente tudo parecia estar indo bem. Esse, porém, foi um tempo de aridez na caminhada de Davi com Deus. Ele não escreveu poemas, nem entoou canções em Ziclague. O doce cantor de Israel estava mudo. Davi foi aos poucos afastando-se do Senhor.

Entretanto, o distanciamento de Davi não resultou apenas em fracasso pessoal — ele também colocou seus amigos em perigo espiritual. A Filístia ficava fora da herança do Senhor, o lugar onde o Altíssimo habitava. Estava repleta de ídolos (2 Samuel 5:21).

Enquanto Davi se afastava de Deus, ia ficando cada vez mais inquieto — um estado mental que sempre nos leva a sérias dificuldades.

Os assaltos aterrorizantes de Davi

Subia Davi com os seus homens, e davam contra os gesuritas, os gersitas e os amalequitas; porque eram estes os moradores da terra desde Telã na direção de Sur, até à terra do Egito. Davi feria aquela terra, e não deixava com vida nem homem nem mulher, e tomava as ovelhas, e os bois, e os jumentos, e os camelos, e as vestes; voltava e vinha a Aquis. E perguntando Aquis: Contra quem deste hoje? Davi respondia: Contra o Sul de Judá; e o Sul dos jerameelitas, e o Sul dos queneus. Davi não deixava com vida nem homem nem mulher, para os trazer a Gate, pois dizia: Para que não nos denunciem, dizendo: Assim Davi o fazia. Este era o seu proceder por todos os dias que habitou na terra dos filisteus. Aquis confiava em Davi, dizendo: Fez-se ele, por certo, aborrecível para com o seu povo em Israel; pelo que me será por servo para sempre (1 Samuel 27:8-12).

Davi pilhava e saqueava aldeia após aldeia e distribuía os despojos aos seus compatriotas em Judá (1 Samuel 30:26). Há, porém, uma nota dissonante na narrativa. Davi adotou o procedimento de extermínio — matando homens, mulheres e crianças, para que não o denunciassem. Os verbos: *feria, deixava* e *tomava* são o que os gramáticos chamam de verbos *frequentativos*, que descrevem a habitualidade de uma ação ou fato. Extermínio era sua regra, como o texto hebraico descreve, "por todos os dias que habitou na terra dos filisteus". Davi percorreu esse caminho temerário por um ano e quatro meses.

A decepção de Davi

Como súdito do rei, Davi tinha o dever de informar sobre suas batalhas e dividir com ele parte dos despojos de suas vitórias. Aquis lhe perguntava: "Onde você atacou hoje?" Davi mentia: "Estive atacando os israelitas e seus aliados — os jerameelitas e os queneus."

Davi embarcou numa trajetória que exigia constante engano. Ele precisava continuar mentindo para Aquis, um engano absolutamente indigno de seu caráter. Aquis aceitou os relatos de Davi como evidência de seu ódio por Israel, pensando que Davi se havia indisposto com seus compatriotas e que agora estivesse inteiramente a seu serviço. "Fez-se ele, por certo, aborrecível para com o seu povo em Israel; pelo que me será por servo para sempre" (1 Samuel 27:12).

Essa é uma frase interessante: "...pelo que me será por servo para sempre". Davi, um ser espiritualmente liberto de Deus, vendera-se para servir a um deus pagão. "De erro em erro o espírito exasperado prossegue", T. S. Elliot disse, "a menos que seja restaurado por aquele fogo purificador".

A conscientização de Davi

Os filisteus concentraram suas forças em Afeque para guerrear contra Israel. Souberam da separação do reino de Saul e haviam percebido, com grande satisfação, o crescente número de homens valorosos que estavam abandonando Saul e se identificando com Davi, e, presumiam, com o exército filisteu também.

Os filisteus decidiram desferir um golpe final. Eles, então, ajuntaram todas as suas forças — juntamente com Davi e seus mercenários — na intenção de atacar Israel do outro lado da planície de Esdraelon. Davi foi obrigado a seguir seu rei à batalha, embora o tenha feito com o coração abatido. Sabia que precisava ir à batalha contra seus próprios compatriotas, contra Saul seu rei, e contra Jônatas seu amado amigo.

Pode ser que a esta altura o coração de Davi tenha começado a se voltar para Deus, pedindo-lhe que o livrasse da confusão que havia armado para si mesmo. Se isto aconteceu, o Senhor o ouviu.

F. B. Meyer escreveu: "Se com seus erros e pecados você se colocou em uma posição falsa como esta, não se desespere; confie em Deus. Confesse e abandone o seu pecado, e humilhe-se diante dele, e Ele se levantará para livrá-lo. Você pode ter se destruído, mas nele estará o seu socorro."

Uma porta de esperança se abriu. Na véspera do encontro, Deus interveio. Os próprios filisteus insistiram que Davi e seus homens não tomassem parte na batalha, e eles então voltaram aliviados para suas casas em Ziclague.

> *...chegando Davi e os seus homens, ao terceiro dia, a Ziclague, já os amalequitas tinham dado com ímpeto contra o Sul e Ziclague e a esta, ferido e queimado; tinham levado cativas as mulheres que lá se achavam, porém a ninguém mataram, nem pequenos nem grandes; tão somente os levaram consigo e foram seu caminho. Davi e os seus homens vieram à cidade, e ei-la queimada, e suas mulheres, seus filhos e suas filhas eram levados cativos. Então, Davi e o povo que se achava com ele ergueram a voz e choraram, até não terem mais forças para chorar (1 Samuel 30:1-4).*

Davi e seus homens tinham viajado por três dias e estavam exaustos, ansiosamente antecipando ver suas mulheres e filhos. Ao se aproximar de Ziclague, viram uma coluna de fumaça no horizonte e correram os últimos poucos quilômetros que faltavam até Ziclague, para encontrar a cidade incendiada, e suas mulheres e filhinhos raptados. Ao invés de um alegre reencontro, havia um lúgubre silêncio e desolação. Restaram apenas alguns poucos homens e mulheres idosos para contar a história. Davi e seus homens choraram até esgotarem suas lágrimas.

As tropas de Davi viraram-se e o encararam num silêncio furioso. Comentaram sobre linchamento. Davi era pessoalmente responsável por suas perdas, e ele reconhecia isso. Deveria ter deixado alguns homens para guardar a cidade. Como soldado, ele deveria saber disso. Havia decepcionado seus homens. Imagine a sua terrível sensação de isolamento!

Havia ainda sua própria perda pessoal. Não restava esperança alguma, nenhuma perspectiva humana de reparar a situação. Jamais conseguiria alcançar os amalequitas. Estavam montados em camelos e haviam partido há muito. Quando temos esperança, conseguimos resistir. Quando somos roubados dessa esperança, a vida perde todo seu sentido.

Davi percebeu o reto julgamento de Deus. Sua consciência despertou e começou a falar. Davi estava vivendo uma vida dupla — traindo Aquis e atacando os aliados dos filisteus. Havia massacrado aldeias inteiras, e então mentido. Agora sua aldeia e família tinham-se ido. Esse foi um dos momentos mais escuros na vida de Davi.

O arrependimento de Davi

Davi chorou em sofrimento e desespero. Chorou até não poder mais chorar. Uma reação perfeitamente natural. O natural, entretanto, é fatal. "...com a tristeza do coração o espírito se abate" diz o provérbio (Provérbios 15:13).

> *Davi muito se angustiou, pois o povo falava de apedrejá-lo, porque todos estavam em amargura, cada um por causa de seus filhos e de suas filhas; porém Davi se reanimou no Senhor, seu Deus (1 Samuel 30:6).*

"Davi muito se angustiou", mas ele "se reanimou no Senhor, seu Deus". O texto hebraico diz: "Ele se fortaleceu no Senhor." Este é um dos mais importantes refrões da Bíblia.

Novamente Davi referia-se a Deus como o seu Deus! Sem dúvida, os homens de Davi haviam-no ouvido dizer repetidas vezes: "O Senhor é o *meu* pastor, a *minha* rocha, a *minha* salvação." Embora Davi tivesse comprometido seriamente o nome de Deus com seu fracasso na fé e suas medidas tortuosas e traiçoeiras, o Senhor ainda era o seu Deus, e na presente crise podia correr para o abrigo de Suas asas.

Deus nunca recusa Sua ajuda, mesmo que tenhamos atraído a desgraça sobre nós mesmos. Não importa o que tenhamos feito, precisamos correr para Ele e segurar Sua mão forte. O homem que pode correr para Deus com o peso do fracasso em sua mente e dizer para Ele: "Tu és o meu refúgio", é o homem que compreende o coração gracioso de Deus.

Davi "se fortaleceu no Senhor". Ele deve ter pensado nas promessas de perdão e restauração de Deus que por tantas vezes o alegraram em outros períodos escuros em sua vida. Deve ter recordado dos poemas que escrevera em dias escuros como este, que refletiam a fidelidade de Deus. Deve ter lembrado de que já estivera em situações piores que esta, e que Deus o ajudara grandemente nessas ocasiões. Embora sua fé tivesse sido duramente testada, não foi desapontada. E assim, ele se animou.

Davi estava rodeado por todos os lados por frustração e medo, mas Deus estava perto, "...socorro bem presente nas tribulações" (Salmo 46:1). Davi apropriou-se da força de Deus e tornou-se um foco de paz. Lembre-se das palavras de Paulo: "...portai-vos varonilmente, fortalecei-vos" (1 Coríntios 16:13).

A recuperação de Davi

Davi, no final, recuperou tudo o que os amalequitas roubaram, inclusive sua família (1 Samuel 30:18-19). Nem todas as nossas faltas, entretanto, têm esse final. Não existem garantias nesta vida de que recuperaremos nossas famílias, o emprego ou a reputação que perdemos por nossa insensatez.

Podemos chegar ao final de nossos dias bem distantes de atingir nossos alvos. Podemos ser conhecidos mais por nossas falhas do que por nossos sucessos. Podemos não ser poderosos ou prósperos. Se, porém, aceitarmos o desapontamento e deixarmos que este nos aproxime de Deus, descobriremos com o tempo que nosso insucesso nos fez chegar a uma compreensão mais profunda de Seu amor e graça. Isso é sem dúvida, o melhor.

É preciso grande fé para crer que nossas derrotas sejam para um bem maior. Mas é verdade. Aprendemos muito mais com a desilusão do que com o sucesso. Acabamos conhecendo Deus e Seus caminhos. O homem que nunca errou, nunca pôde fazer essa descoberta.

ESTUDO N.º 3

Superando mentiras de autoproteção

Salmo 46:1 — "Deus é o nosso refúgio e fortaleza, socorro bem presente nas tribulações."

Objetivo:
Enxergar a necessidade e o valor da honestidade em nosso relacionamento com Deus e outras pessoas.

Para Memorizar:
Salmo 46:1

Leitura:
Superando mentiras de autoproteção pp.20-27

Quebra-gelo

As calamidades e os desastres são sempre um aviso de Deus para chamar sua atenção ao que está errado em sua vida? Por que ou por que não? Cite um exemplo de cada alternativa.

Reflexão

É correto e prudente proteger-se a si mesmo diante de danos e perigos? Quando a autoproteção pode se tornar algo errado? De que maneira Como Davi abusou da autoproteção?

Qual foi a decepção de Davi? (p.24). Quais circunstâncias o levaram a esta decepção? Se você estivesse em circunstâncias parecidas, sua reação seria diferente? Por que ou por que não?

David Roper diz que nossas derrotas são "o melhor" e "para um bem maior" (p.27). O que ele quis dizer com isso? De que maneira isto pode tornar-se verdade?

Aprofundamento

Texto-chave: 1 Samuel 30:1-4,6

Quais problemas Davi e seus homens enfrentaram? Como eles reagiram? Por que os seus homens culparam Davi por tal crise? A quem Davi culpou?

Qual o sinal de esperança encontrado no versículo 2? Como Deus demonstrou graça a Davi, mesmo em meio ao juízo?

Sabemos que: "...Davi se reanimou no Senhor, seu Deus." Como você acha que ele fez isso?

Um passo adiante

Falar sobre

Descubra no versículo para memorização o motivo de podermos nos voltar ao Senhor quando nosso mundo estiver desmoronando? Como Ele nos ajuda nesses momentos?

Refletir

Se Davi recuperou-se por completo de seu fracasso, será esta uma garantia de que também podemos nos recuperar de nossas falhas, totalmente, assim como ele? Por que ou por que não? Se nossa recuperação não é completa, o que isso nos diz a respeito do perdão de Deus?

Todos nós já tomamos decisões erradas. Compartilhe uma delas. Por que foi uma escolha errada? Quais foram as consequências?

Sucedeu, pois, que, chegando Davi e os seus homens, ao terceiro dia, a Ziclague, já os amalequitas tinham dado com ímpeto contra o Sul e Ziclague e a esta, ferido e queimado; tinham levado cativas as mulheres que lá se achavam, porém a ninguém mataram, nem pequenos nem grandes; tão-somente os levaram consigo e foram seu caminho. Davi e os seus homens vieram à cidade, e ei-la queimada, e suas mulheres, seus filhos e suas filhas eram levados cativos. Então, Davi e o povo que se achava com ele ergueram a voz e choraram, até não terem mais forças para chorar. [...] Davi muito se angustiou, pois o povo falava de apedrejá-lo, porque todos estavam em amargura, cada um por causa de seus filhos e de suas filhas; porém Davi se reanimou no S*ENHOR*, *seu Deus.*

1 Samuel 30:1-4,6

DAVI (2.ª PARTE)

Superando o fracasso moral

Tenho visto meus amigos caírem. Pergunto-me por que o fazem. O que faz um homem jogar fora o seu casamento e tudo pelo que trabalhou, por uma relação amorosa passageira? Davi, por exemplo, — o maior rei de Israel, o "homem segundo o coração de Deus", se apaixonou pela bela e jovem mulher de Urias, Bate-Seba.

Isso aconteceu na primavera, "no tempo em que os reis costumam sair para a guerra" (2 Samuel 11:1). Nessa primavera, no entanto, em uma letargia fatal, as energias de Davi concentraram-se em outra direção. "Uma tarde, levantou-se Davi do seu leito e andava passeando no terraço da casa real..." (v.2).

De lá ele tinha uma visão controladora de Jerusalém e podia enxergar, mais em baixo, os pátios vizinhos. Ao observar sua cidade, seus olhos caíram sobre uma jovem mulher tomando banho. O texto diz que ela era muito bonita (2 Samuel 11:2).

Se a mulher parece obscena, lembre-se que não havia encanamento nas casas naqueles dias. Os banhos eram tomados normalmente do lado de fora, em pátios cercados.

Davi ficou encantado! Mandou alguém "perguntar quem era" (2 Samuel 11:3), ocasião em que um de seus amigos tentou desencorajá-lo. "Não é Bate-Seba, filha de Eliã e mulher de Urias, o heteu" (v.3), ele perguntou. Ela era uma mulher casada — na verdade, casada com Urias, um dos valentes de Davi, membro da exclusiva guarda pessoal de Davi (2 Samuel 23:39).

Davi, entretanto, não seria renegado. "Enviou Davi mensageiros que a trouxessem." Um erro levou a outro e "...ele se deitou com ela..." Ela então "...voltou para sua casa". Conta o relato que ela, mais tarde, "mandou dizer a Davi: Estou grávida" (2 Samuel 11:4-5).

Davi sabia que estava em grande apuro! O marido de Bate-Seba estava envolvido no cerco da cidade amonita de Rabá e ficaria fora por vários meses. Qualquer um podia contar até nove. Em outras terras os reis eram a lei, mas não em Israel. Ninguém estava acima da Palavra de Deus. Adultério era um pecado sério.

Mas Davi, sempre um homem de ação, inventou um plano para evitar as consequências de seu romance. Enviou uma ordem a Joabe para dispensar Urias do seu comando e o enviar a Jerusalém, pretensamente com o fim de trazer notícias da guerra, mas na realidade era para trazê-lo à sua casa, para Bate-Seba. Quando o velho guerreiro chegou, Davi ouviu o seu relatório e então despediu Urias para sua casa: "Desce a tua casa e lava os pés" (2 Samuel 11:8), ele disse com um brilho no olhar.

Mas Urias "...se deitou à porta da casa real, com todos os servos do seu senhor, e não desceu para sua casa" (2 Samuel 11:9). Quando Davi perguntou por que não havia ido para sua casa, Urias explicou: "A arca, Israel e Judá ficam em tendas; Joabe, meu senhor, e os servos de meu senhor estão acampados ao ar livre; e hei de eu entrar na minha casa, para comer e beber e para me deitar com minha mulher? Tão certo como tu vives e como vive a tua alma, não farei tal coisa" (v.11).

Davi replicou: "Demora-te aqui ainda hoje, e amanhã te despedirei. Urias, pois, ficou em Jerusalém aquele dia e o seguinte. Davi o convidou, e comeu e bebeu com ele, e o embebedou; à tarde, saiu Urias a deitar-se na sua esteira, como os servos de seu senhor; porém não desceu à sua casa" (2 Samuel 11:12-13).

Urias não quis ir para sua casa enquanto aqueles que estavam sob seu comando estivessem separados de suas mulheres e de suas famílias. Apesar dos repetidos esforços de Davi para persuadir Urias, o velho e austero heteu recusou. Até mesmo embebedá-lo, falhou. Ao cair da noite, Urias desenrolava sua esteira de dormir no chão da casa da guarda do palácio e dormia com o resto das tropas.

O tempo estava acabando. No desespero, Davi comprometeu sua vida ordenando ao general Joabe: "Ponde Urias na frente da maior força da peleja; e deixai-o sozinho, para que seja ferido e morra" (2 Samuel 11:15).

Joabe, que não era tolo, recusou-se a seguir as determinações de Davi. O plano era tão obviamente traiçoeiro, que ele o alterou: "Tendo, pois, Joabe sitiado a cidade, pôs a Urias no lugar onde sabia que estavam homens valentes. Saindo os homens da cidade e pelejando com Joabe, caíram alguns do povo, dos servos de Davi; e morreu também Urias, o heteu" (2 Samuel 11:16-17).

Joabe enviou um mensageiro a Davi com notícias da batalha. Sabia que Davi iria criticar suas táticas e a resultante perda de vidas, mas apressou-se a anunciar que Urias morrera (2 Samuel 11:18-22). Davi não queria que Joabe ficasse perturbado, então disse: "...a espada devora tanto este como aquele..." (v.25).

Quando Bate-Seba ouviu que seu marido estava morto, ela pranteou por ele. Quando seu breve período de luto terminou, Davi "mandou buscá-la e a trouxe para o palácio; tornou-se ela sua mulher e lhe deu à luz um filho" (2 Samuel 11:27).

Davi agiu com pressa inadequada, mas o casamento colocava um fim legal à sórdida questão — ou assim pensava Davi. Deus, no entanto, sabia, e "...isto que Davi fizera foi mal aos olhos do SENHOR" (2 Samuel 11:27).

Passou-se um ano, durante o qual Davi deteriorou-se física e emocionalmente. Ele mais tarde descreveu seus sentimentos:

> *Enquanto calei os meus pecados, envelheceram os meus ossos pelos meus constantes gemidos todo o dia. Porque a tua mão pesava dia e noite sobre mim, e o meu vigor se tornou em sequidão de estio (Salmo 32:3-4).*

Sua consciência atormentada deixava-o desassossegado e melancólico. Durante todo o tempo em que estava acordado sentia-se completamente infeliz. À noite virava-se na cama, agitado. A ansiedade minava sua energia. Sua depressão se aprofundava a cada dia que passava.

Enfim, Davi teve que enfrentar os fatos. Para ser mais preciso, teve que enfrentar o profeta Natã, que sabia da verdade. Natã armou uma armadilha para o rei-pastor contando uma história sobre um homem rico que possuía grandes rebanhos de ovelhas, mas que tomou a ovelhinha de estimação de outro homem para servi-la a um viajante estrangeiro (2 Samuel 12:4).

Davi ficou furioso, e a princípio teve uma reação exagerada, por causa de sua indignidade: "Tão certo como vive o SENHOR, o homem que fez isso deve ser morto." Porém o roubo de ovelhas não era uma ofensa capital em Israel. De acordo com Êxodo 22:1, um ladrão era obrigado somente a fazer restituição quadruplicada à vítima. Davi, então, disse: "E pela cordeirinha restituirá quatro vezes, porque fez tal coisa e porque não se compadeceu" (2 Samuel 12:6).

Natã dirigiu o veredicto a Davi. "Tu és o homem. Assim diz o SENHOR, Deus de Israel: Eu te ungi rei sobre Israel e eu te livrei das mãos de Saul; dei-te a casa de teu senhor e as mulheres de teu senhor em teus braços e também te dei a casa de Israel e de Judá; e, se isto fora pouco, eu teria acrescentado tais e tais coisas. Por que, pois, desprezaste a palavra do SENHOR, fazendo o que era mal perante ele?" (2 Samuel 12:7-9).

Quando ficou face a face com sua corrupção, as defesas de Davi se desmoronaram. Escondendo a face em suas mãos, ele lamentou: "Pequei contra o SENHOR." E Natã replicou: "Também o SENHOR te perdoou o teu pecado; não morrerás" (2 Samuel 12:13).

Para crédito de Davi, ele não tentou se justificar. Reconheceu seu pecado, e Deus imediatamente cancelou a sentença que estava contra ele. Davi podia levantar sua cabeça. Como mais tarde escreveu:

> *Confessei-te o meu pecado e a minha iniquidade não mais ocultei. Disse: confessarei ao SENHOR as minhas transgressões; e tu perdoaste a iniquidade do meu pecado (Salmo 32:5).*

Assim como o apóstolo João prometeu: "Se confessarmos os nossos pecados, ele é fiel e justo para nos perdoar os pecados e nos purificar de toda injustiça" (1 João 1:9). Felicidade é saber que nossos pecados foram perdoados.

Bem-aventurado aquele cuja iniquidade é perdoada, cujo pecado é coberto. Bem-aventurado o homem a quem o SENHOR não atribui iniquidade e em cujo espírito não há dolo (Salmo 32:1-2).

Davi suportou terríveis consequências pelo seu pecado. Natã predisse que ele iria sofrer:

Agora, pois, não se apartará a espada jamais da tua casa, porquanto me desprezaste e tomaste a mulher de Urias, o heteu, para ser tua mulher. Assim diz o SENHOR: Eis que da tua própria casa suscitarei o mal sobre ti, e tomarei tuas mulheres à tua própria vista, e as darei a teu próximo, o qual se deitará com elas, em plena luz deste sol. Porque tu o fizeste em oculto, mas eu farei isto perante todo o Israel e perante o sol. Mas, posto que com isto deste motivo a que blasfemassem os inimigos do SENHOR, também o filho que te nasceu morrerá (2 Samuel 12:10-12,14).

Davi pagou muito caro por seus poucos momentos de prazer. Sua vida familiar e carreira política se desfizeram, ao que parece daquele momento em diante. Tudo o que Natã predisse, aconteceu.

Nenhuma quantidade de quedas pode realmente nos destruir se continuarmos a levantar a cada vez.
—C. S. Lewis

Não vos enganeis: de Deus não se zomba; pois aquilo que o homem semear, isso também ceifará (Gálatas 6:7).

Mas Davi pôde levantar-se de sua queda para andar com Deus. "Nenhuma quantidade de quedas pode realmente nos destruir," escreveu C. S. Lewis, "se continuarmos a nos levantar a cada vez, seremos, é claro, crianças muito enlameadas e esfarrapadas quando enfim chegarmos a casa... A única atitude fatal é perder a cabeça e desistir."

ESTUDO N.º 4

Superando o fracasso moral

Gálatas 6:7 — Não vos enganeis: de Deus não se zomba; pois aquilo que o homem semear, isso também ceifará

Objetivo:

Reconhecer a completa extensão das consequências do fracasso moral.

Para Memorizar:

Gálatas 6:7

Leitura:

Superando o fracasso moral pp.31-35

Quebra-gelo

O que é fracasso moral? Dê alguns exemplos de fracasso moral na política, religião ou indústria do entretenimento.

Reflexão

Quais são algumas razões que fazem as pessoas fracassarem moralmente?

David Roper concluiu: "O colapso moral raramente é uma ruptura; assemelha-se mais a um lento vazamento" (p.38). Como este lento vazamento é demonstrado claramente na vida de Davi? (2 Samuel 11:1-27). Esse fato demonstra que o pecado moral é sempre intencional e por essa razão imperdoável? Por quê?

O que é arrependimento divino? Por que é tão necessário, se experimentaremos o verdadeiro perdão de Deus?

Aprofundamento

Texto-chave: Salmo 32:1-4

O que a palavra "bem-aventurado" quer dizer? (v.1) Qual é a fonte dessa bem-aventurança? O que significa ser uma pessoa "em cujo espírito não há dolo"? (v.2).

Por que você acha que Davi escolheu permanecer em silêncio e não confessar seu pecado por tanto tempo?

Quais são as consequências de um pecado não confessado? (vv.3-4).

Um passo adiante

Falar sobre

Leia o versículo para memorizar. O que Paulo está dizendo? Suas palavras são de admoestação ou encorajamento para você? Por quê?

Refletir

Ao relembrar o que você semeou na semana, mês ou ano passado, o que você espera colher? Por quê?

O que você aprendeu com o estudo a respeito da vida de Manassés e Davi sobre si mesmo e Deus? Compartilhe uma lição importante.

Bem-aventurado aquele cuja iniquidade é perdoada, cujo pecado é coberto. Bem-aventurado o homem a quem o Senhor não atribui iniquidade e em cujo espírito não há dolo. Enquanto calei os meus pecados, envelheceram os meus ossos pelos meus constantes gemidos todo o dia. Porque a tua mão pesava dia e noite sobre mim, e o meu vigor se tornou em sequidão de estio.

Salmo 32:1-4

A lei da consequência inevitável

Ler a história de Davi e observar meus amigos caírem levou-me a uma conclusão: o colapso moral raramente é uma ruptura; assemelha-se mais a um lento vazamento — o resultado de milhares de pequenas indulgências. Poucas pessoas planejam um relacionamento adúltero; elas se envolvem passo a passo até deixarem-se dominar.

Começa com a atração. Não é tanto a lascívia, como o apaixonar-se, que nos faz cair. Somos atraídos a alguém sensível e compreensivo, que ouve e parece se importar. Somos seduzidos por essa atração e levados adiante em degraus imperceptíveis.

A atração torna-se fantasiosa: Imaginamo-nos com aquela pessoa e a sensação é boa. Os romances, na imaginação, parecem ser tão certos. Esse é o engano fundamental.

Começa com a atração.

As fantasias nos enfraquecem, e nossas convicções são minadas. Estamos, então, mentalmente aptos a dar ouvidos aos nossos anseios, e tendo-os escutado, não temos determinação para resistir. Não conseguimos negar a realidade dos nossos pensamentos, agora predominantes.

Há, então, os encontros e o compartilhamento de conflitos interiores, frustrações conjugais e outras feridas profundas. E com esse envolvimento, o relacionamento começa a mudar. Somos subitamente duas pessoas solitárias necessitando do amor um do outro.

Então vem a inevitável transigência, e com ela a necessidade de justificar o romance. Não podemos viver com a dissonância. Precisamos racionalizar nosso comportamento culpando algo ou alguém — as pressões do nosso emprego ou as limitações de nossos parceiros. Os erros das outras pessoas tornam-se a nossa justificativa. Tudo deve ser feito para a situação parecer boa.

Nossos corações sabem a verdade. Existem momentos em que nossas vontades são tocadas e ansiamos poder endireitar tudo. Se não ouvimos o nosso coração nesse momento, vem então um endurecimento metálico, e depois a corrupção. Nosso erro sofre uma mutação que altera sua forma e qualidade, evoluindo para um narcisismo tenebroso e uma crueldade revoltante. Não nos importamos com quem se machuca, contanto que obtenhamos o que queremos.

E finalmente acontece a inevitável revelação. Primeiro, negamos: "Não existe outra pessoa!" Então, dissimulamos: "É só platônico." E por fim, nosso engano é proclamado dos topos dos telhados. Não há lugar onde possamos nos esconder da luz.

A tristeza segundo Deus, por outro lado, é a tristeza pelo próprio pecado e pelo dano que provocou em outras pessoas.

Quando ruímos, e nossos maus atos se encontram expostos, Deus nos lembra de Sua cruz, Seu perdão, e de Sua incomparável graça. Ele então começa a fazer de nós novas pessoas. Existe um só caminho, porém, para conhecer esse perdão: o reconhecimento do horror do nosso pecado e aquela antiquada palavra — *arrependimento*. Precisamos odiar o que tivermos feito, e nos desviar disso com aversão.

É o que Paulo chama de "tristeza segundo Deus [que] produz arrependimento para a salvação, que a ninguém traz pesar..." (2 Coríntios 7:10). A tristeza que não procede de Deus é a tristeza de ter sido descoberto ou de sofrer as consequências de ser descoberto. O resultado desta é culpa, ansiedade, e desespero ainda maior. A tristeza segundo Deus, por outro lado, é a tristeza pelo próprio pecado e pelo dano que provocou em outras pessoas. A tristeza segundo Deus se propõe a endireitar o que está errado.

Eis como Paulo se expressa: "...quanto cuidado [em obedecer] não produziu isto mesmo em vós que, segundo Deus, fostes contristados! Que defesa [do erro], que indignação [contra o mal], que temor [de cair em pecado novamente], que saudades [da pureza], que zelo [por todos os que foram prejudicados por nosso pecado], que vindita [da justiça]!..." (2 Coríntios 7:11).

Como Davi mesmo aprendeu, "Sacrifícios agradáveis a Deus são o espírito quebrantado; coração compungido e contrito, não o desprezarás, ó Deus" (Salmo 51:17). Até mesmo em nosso aviltamento, Deus discerne as possibilidades, perdoa nossos pecados, neutraliza nossos erros, e nos torna melhores do que jamais fomos.

Portanto, ao invés de lamentar nossa humilhação, devemos seguir em frente. O pecado pode ter consequências com as quais precisemos viver pelo resto de nossas vidas naturais, mas o pecado do qual nos arrependemos só pode contribuir para um bem maior. Deus transforma o pior que podemos fazer em parte do bem que Ele nos prometeu. Ele é o Deus de tolos e de fracassados, e o Deus de uma nova chance.

Ele é o Deus de tolos e de fracassados, e o Deus de uma nova chance.

ESTUDOS BÍBLICOS DA SÉRIE *DESCOBRINDO A PALAVRA*

GUIA DO LÍDER E DO APRENDIZ

Nosso propósito

Os estudos bíblicos da série *Descobrindo a Palavra* auxiliam pastores e líderes a discipular e ensinar os cristãos, através da utilização dos livretos da série *Descobrindo a Palavra*. Esta série utiliza o método de estudo bíblico indutivo para ajudar os cristãos a compreender a Bíblia com maior clareza.

Auxílios para o estudo

O versículo-chave, o objetivo e versículos para memorizar são apresentados no início de cada estudo e poderão ser utilizados como bússola e mapa de orientação.

Algumas passagens bíblicas são citações literais. Elas ajudarão o aprendiz a concentrar-se nestas passagens, e a examinar e comparar os textos bíblicos com maior facilidade — auxiliando a compreensão dos seus significados. Os interessados são incentivados a abrir suas próprias Bíblias e examinar outros trechos das Escrituras.

Como usar os estudos bíblicos da série *Descobrindo a Palavra* (individualmente e em pequenos grupos)

Individualmente — estudo pessoal

- Leia as páginas indicadas no texto.
- Reflita com atenção e responda às perguntas.

Pequenos grupos — estudos bíblicos

- Para valorizar o encontro do grupo, cada membro deve cumprir as tarefas da lição antes da reunião.
- Tempo recomendado para o estudo: 45–55 minutos.
- Envolva o grupo no debate, buscando a participação de cada um dos membros.

Visão geral das lições

Estudo	Tópico	Texto Bíblico	Leitura	Perguntas
1	Superando um mau começo — Primeira parte	2 Reis 21:3-7	pp.5-11	pp.12-13
2	Superando um mau começo — Segunda parte	2 Crônicas 33:12-16	pp.14-17	pp.18-19
3	Superando mentiras de autoproteção	1 Samuel 30:1-4,6	pp.20-27	pp.28-29
4	Superando o fracasso moral	Salmo 32:1-4	pp.31-35	pp.36-37

O formato dos estudos bíblicos da série *Descobrindo a Palavra* contém uma abordagem "em camadas", com quatro segmentos. Estes segmentos trazem perspectivas que se tornam cada vez mais personalizadas e concentradas. Veja a sequência:

Quebra-gelo. Nesta seção, usa-se uma pergunta de interesse geral para iniciar o debate (em pequenos grupos) ou para "colocar a cabeça para funcionar" (no estudo individual). A intenção é iniciar o processo de interação entre os participantes.

Reflexão. Aqui, o aprendiz ou o grupo é convidado a refletir sobre o material da série *Descobrindo a Palavra*, lido anteriormente. Ao considerar as informações e as deduções inseridas no livreto, as perguntas ajudam a compreender melhor os conteúdos desta seção do livreto.

Aprofundamento. Distanciando-se do material da série *Descobrindo a Palavra*, esta seção utiliza o texto bíblico-chave da lição e envolve o aprendiz ou grupo em breve estudo indutivo daquela passagem das Escrituras. Como consequência, traz a autoridade da Bíblia para a linha de frente do estudo, à medida que consideramos sua mensagem para nossos corações e vidas.

Um passo adiante: Este segmento final contém duas partes. Na seção *Falar sobre*, o aprendiz ou o grupo tem a oportunidade de testar as ideias das lições, confrontando-as com o restante da Bíblia, usando referências cruzadas do texto com outros versículos. Em *Refletir* o aprendiz ou o grupo é desafiado a aplicar pessoalmente a lição, reagindo ao que foi aprendido, de maneira prática.

Série Mensagens para o Púlpito
(para pastores e líderes de igreja)

Estudo	Tópico	Texto Bíblico
1	Superando um mau começo — Primeira parte	2 Reis 21:3-7
2	Superando um mau começo — Segunda parte	2 Crônicas 33:12-16
3	Superando mentiras de autoproteção	1 Samuel 30:1-4,6
4	Superando o fracasso moral	Salmo 32:1-4

Embora os estudos bíblicos da Série *Descobrindo a Palavra* sejam, principalmente, para estudos individuais e em grupos, alguns pastores podem usá-los como auxílio para uma série de mensagens sobre o mesmo tema.

Pensamentos finais
Este guia de estudos bíblicos da série *Descobrindo a Palavra* trará a oportunidade para crescimento e orientação. Para melhor compreensão das verdades espirituais de cada estudo, em circunstâncias diversas, este material permite a flexibilidade na aplicação dessas verdades que foram estudadas.

A chave para a boa argumentação está na preparação de cada participante, sejam estes: pequenos grupos de estudos bíblicos; escola dominical; grupos de estudos bíblicos temáticos; grupos de estudos de homens e mulheres ou de toda a congregação local. Da mesma maneira, o resultado positivo decorrente do uso pessoal e pastoral destes estudos, será diretamente proporcional ao tempo que se investiu no estudo deste recurso bíblico.

Que, ao utilizar, ensinar ou estudar, este livreto você possa crescer "...na graça e no conhecimento de nosso Senhor e Salvador Jesus Cristo..." (2 Pedro 3:18).

Reflexões

Reflexões

Reflexões

Reflexões

Reflexões